LEARNING TAGALOG

Fluency Made Fast and Easy

Workbook 1

Frederik and Fiona De Vos

LearningTagalog.com

Copyright © 2012 Frederik and Fiona De Vos

All rights reserved.

ISBN 978-3-902909-00-8

Complete Course Set (Course Books, Workbooks, Grammar Book, Course Audio)
ISBN 978-3-902909-07-7

Course Books
ISBN 978-3-902909-03-9 (Course Book 1)
ISBN 978-3-902909-04-6 (Course Book 2)
ISBN 978-3-902909-05-3 (Course Book 3)

Workbooks
ISBN 978-3-902909-00-8 (Workbook 1)
ISBN 978-3-902909-01-5 (Workbook 2)
ISBN 978-3-902909-02-2 (Workbook 3)

Grammar Book (Essential Tagalog Grammar, Second Edition)
ISBN 978-90-815135-4-8 (small paperback)

Course Audio
ISBN 978-3-902909-06-0 (6 Audio CDs + 1 MP3 CD)
Also available as MP3 downloads on LearningTagalog.com

Learning Tagalog (LearningTagalog.com)
team@learningtagalog.com

Cover design by John Arce.

Contents

Introduction	5
Lesson 1: Ang bakasyon	7
Lesson 2: Ang almusal	9
Lesson 3: Kumusta?	11
Lesson 4: Sa jeep	13
Lesson 5: Ang mga alaga'	15
Lesson 6: Ang sapatos	17
Lesson 7: May sulat	19
Lesson 8: Sa fruit stand	21
Lesson 9: Ang pamilya ko	22
Lesson 10: Alas kwatro na	24
Lesson 11: Sa sala	26
Lesson 12: Ang bisita	28
Lesson 13: May tawag sa telepono	30
Lesson 14: Tanghalian sa restaurant	32
Lesson 15: Sa parlor	33
Lesson 16: Nandito na sina Tita Amy	35
Lesson 17: Sa hotel	38
Lesson 18: Ang init!	40
Lesson 19: May sakit ang asawa ko	42
Lesson 20: Sa mall	43
Answer Key	47

Introduction

Goal of the workbook

This workbook is intended to be used with *Learning Tagalog: Fluency Made Fast and Easy, Course Book 1*. By doing the exercises in this workbook, you will reinforce your vocabulary and intuitive understanding of the sentence patterns introduced in the lessons.

The workbook is also an ideal way to test your progress. You may find that reviewing a lesson one more time can make a big difference. In any case, doing the exercises will refresh your memory, whether or not you answer the questions correctly.

How to use this workbook

1. Review the corresponding lesson in *Learning Tagalog: Fluency Made Fast and Easy, Course Book 1*.
2. Do the exercises.
3. Optionally, look through the lesson again to complete any items you've skipped.
4. Check your answers against the answer key at the end of the book.

Don't worry if you forget words or make mistakes. This is completely normal when learning a language. All these words and sentences will soon be second nature to you.

Just take it at your own pace and enjoy yourself!

Lesson 1: Ang bakasyon

A. Translate into English

1. **Kumusta?**

2. **Ma<u>bu</u>ti. Ikaw?**

3. **Pumunta ako sa Canada.**

4. **Kumusta ang Ba<u>na</u>ue?**

5. **Sal<u>a</u>mat.**

B. Translate into Tagalog

1. *vacation*
2. *really*
3. *take care*
4. *thank you*
5. *beautiful*

C. Fill in the blanks

1. *I went to California.*
   Pumunta _____ sa California.
2. *Just kidding.*
   Joke _____ .

3. *Yes, it was really fun.*

   ____, ang saya talaga.

4. *Is the house beautiful?*

   Maganda ba ang _____?

5. *I went to Davao.*

   _____ ako sa **D**avao.

D. Match the two columns

   1. **Kumusta?**   a. Masaya. Pumunta ako sa
   2. **Talaga?**   Cebu.
   3. **Kumusta ang**   b. Ma**bu**ti rin.
      bakasyon mo?   c. Ma**bu**ti. Ikaw?
   4. **Kumusta ang**   d. Maganda. Ang ganda ng
      Ba<u>na</u>ue?   Rice Terraces.
   5. **Ma<u>bu</u>ti. Ikaw?**   e. **O**o, ang ganda talaga.

E. Give the root and its meaning

   1. **maganda**
   2. **masaya**
   3. **ma<u>bu</u>ti**

F. Add **sa** or **nasa**

   1. Pumunta ako _____ May<u>ni</u>la'.
   2. _____ Ba<u>na</u>ue ako.
   3. _____ <u>ba</u>hay lang ako.
   4. Pumunta ako _____ <u>ba</u>hay.

Lesson 2: Ang almusal

A. Translate into English

1. May <u>ka</u>nin.

2. Masarap ang mangga.

3. Ma<u>ra</u>ming isda' sa aquarium.

4. Walang kape.

5. Matamis ang cake.

B. Translate into Tagalog

1. *breakfast*
2. *food*
3. *water*
4. *egg*
5. *delicious*

C. Fill in the blanks

1. *There's a lot of fruit on the table.*
   Ma<u>ra</u>ming _____ sa la<u>me</u>sa.
2. *The dish that goes with rice is delicious.*
   Masarap ang _____ .

3. *There are a lot of mangoes and pineapples.*
   Maraming mangga ____ **pinya.**
4. *The egg is salty.*
   _____ **ang itlog.**
5. *The water is hot.*
   Mainit ang _____ .

D. Underline the POD(s)

1. Masarap ang pagkain.
2. Malamig ang juice, pero mainit ang kape.
3. Maasim ito.

E. Add **na** or **-ng**

1. isda____ maalat.
2. maalat____ isda'
3. pagkain____ matamis
4. maasim____ mangga
5. mangga____ maasim

F. Add **ito**, **iyan** or **iyon**

1. *This is delicious.* ⇨ **Masarap** _____ .
2. *That (far from you and me) is bitter.* ⇨ **Mapait** _____ .
3. *That (near you) is salty.* ⇨ **Maalat** _____ .

Lesson 3: Kumusta?

A. Translate into English

1. Saan ka pupunta?

2. May klase ako.

3. Bukas ang meeting.

4. Walang pasok bukas.

5. Ako rin.

B. Translate into Tagalog

1. *tomorrow*
2. *every day*
3. *later today*
4. *class*
5. *earlier today*

C. Fill in the blanks

1. *Where are you going?*
   _____ ka pupunta?
2. *Let's meet tomorrow.*
   Magkita' _____ bukas.

3. *The class is finished.*

   _____ na ang k<u>la</u>se.

4. *There was no class earlier today.*

   Walang k<u>la</u>se _____ .

5. *Today?*

   _____ ?

D. Add **may** or **wala(ng)**

1. *There's a class.* ⇨ _____ **k<u>la</u>se.**
2. *There's no work.* ⇨ _____ **tra<u>ba</u>ho.**
3. *I have a class.* ⇨ _____ **k<u>la</u>se ako.**

E. Add **<u>ta</u>yo** or **kami**

1. *We (including you) have a meeting tomorrow.*

   May meeting _____ **<u>bu</u>kas.**

2. *Where are we (including you) going?*

   Saan _____ **pu<u>pu</u>nta?**

3. *We (excluding you) had work/school yesterday.*

   May <u>pa</u>sok _____ **ka<u>ha</u>pon.**

F. Answer the questions

1. **May text ba?**

   _____ . *(Yes, there is.).*

   _____ . *(No, there isn't.)*

2. **May computer ka ba?**

   _____ . *(Yes, I do.)*

   _____ . *(No, I don't.)*

Lesson 4: Sa jeep

A. Translate into English

1. **Isa lang.**

2. **Malaki ba ang supermarket?**

3. **Mal__a__yo' pa.**

4. **__E__to ang sukli'.**

5. **Mar__a__ming jeep doon.**

B. Translate into Tagalog

1. *how many*
2. *payment / here's my fare*
3. *market*
4. *cheap*
5. *seven*

C. Fill in the blanks

1. *Just two.*
   _____ **lang.**
2. *Where will you (polite) get off?*
   Saan _____ **b__a__baba'?**

3. *No, it's still far.*

   _____ , ma<u>la</u>yo' pa.

4. *The vegetables here are expensive.*

   _____ ang gu<u>l</u>ay <u>d</u>ito.

5. *The market is here now / We're at the market now.*

   _____ na ang pa<u>le</u>ngke.

D. Add <u>eto</u>, <u>dito</u> or **nan<u>dito</u>**

1. *Here's the change.*

   _____ ang sukli'.

2. *The change is here.*

   _____ ang sukli'.

3. *Are you (polite) going to get off here?*

   _____ ba kayo <u>b</u>ababa'?

E. Add <u>dito</u>, **diyan** or **doon**

1. *There's a market over there (far from you and me).*

   May pa<u>le</u>ngke _____ .

2. *It's cheap here.*

   M<u>u</u>ra _____ .

3. *There are many fruits there (near you).*

   Ma<u>ra</u>ming <u>pru</u>tas _____ .

F. Insert the enclitic word in the sentence and translate

Walang jeep. – *There's no jeepney.*
Example: **rin** ⇨ **Wala' ring jeep.** – *There's no jeepney either.*

1. **pa**
2. **ba**
3. **ako**
4. **ka**

G. Write the numbers in Tagalog

1	6
2	7
3	8
4	9
5	10

Lesson 5: Ang mga alaga'

A. Translate into English

1. **Ang taba' ng aso.**

2. **Bakit mataba' ang aso?**

3. **Ang payat niya!**

4. **P̲angit ito.**

5. **Ang ganda nito.**

B. Translate into Tagalog

1. *dogs*
2. *name*
3. *why*
4. *sibling*
5. *nice, kind*

C. Fill in the blanks

1. *How old is he/she?*
   Ilang taon na _____ ?
2. *Tingting is so irritating/importunate.*
   Ang _____ ni Tingting.
3. *That (near you) is so beautiful.*
   Ang ganda _____ .
4. *He/she's three years old, isn't he/she?*
   Tatlong _____ na siya, di ba?
5. *Because it's painful. / Because it hurts.*
   Kasi _____ .

D. Add **nito, niyan** or **niyon**

1. *This is so pretty.*
   Ang ganda _____ .

2. That (near you) is so painful.
   Ang sakit _____ .
3. That (far from you and me) is so ugly.
   Ang p̲angit _____ .

E. Put the phrases in the right column.

ito, si Tabby, ang a̲so, nito, ni Tabby, ng a̲so, siya, niya

1	2
Maganda _____ .	Ang ganda _____ .
Maganda _____ .	Ang ganda _____ .
Maganda _____ .	Ang ganda _____ .
Maganda _____ .	Ang ganda _____ .

Lesson 6: Ang sap̲atos

A. Translate into English

1. N̲asaan ka?

2. Late na ako.

3. E̲wan ko.

4. Sig̲uro n̲asa k̲otse.

5. Nand̲ito ako.

B. Translate into Tagalog

1. *living room*
2. *umbrella*
3. *shoes*
4. *table*
5. *door*

C. Fill in the blanks

1. *Where's the umbrella?* ⇨ _____ **ang payong?**
2. *You're right.* ⇨ _____ **ka.**
3. *I know now.* ⇨ **Alam** _____ **na.**
4. *I'll leave now.* ⇨ _____ **na ako.**
5. *It's outside, I think.* ⇨ **Nasa** _____ **yata'.**

D. Match the two columns

1. **na**sa taas   a. *outside*
2. **na**sa loob   b. *downstairs*
3. **na**sa labas   c. *at the back*
4. **na**sa baba'   d. *upstairs*
5. **na**sa likod   e. *inside*

E. Add **nandito, nandiyan** or **nandoon**

1. *The umbrella is there (near you).*

   _____ **ang payong.**

2. *Your shoes are here.*

   _____ **ang sapatos mo.**

3. *My car is over there (far from you and me).*
   _____ ang ko̱tse ko.

Lesson 7: May su̱lat

A. Translate into English

1. **Di' ba̱le.**

2. **Sala̱mat po'.**

3. **Hindi' ko alam.**

4. **Nandi̱to ang su̱si'.**

5. **Ano ang panga̱lan mo?**

B. Translate into Tagalog

1. *letter*
2. *hospital*
3. *person*
4. *illness*
5. *nothing*

C. Fill in the blanks

1. *Anyone home? [Lit. Person (polite)!]*
   _____ po'!

2. *He/she's ill. / He/she has an illness.*
   May _____ siya.
3. *Is that so?*
   _____ ba?
4. *There's a letter for you.*
   May <u>s</u>ulat _____ sa iyo.
5. *There's no one here.*
   _____ <u>t</u>ao <u>d</u>ito.

D. Insert **po'**

   1. **Nan<u>d</u>ito ang <u>s</u>usi'.**
   2. **Walang <u>s</u>ulat.**
   3. **Sige.**

E. Match the two columns

   1. **Wala' si John.**   a. *John isn't here.*
   2. **Wala' <u>r</u>ito si John.**   b. *John isn't there.*
   3. **Wala' roon si John.**   c. *John isn't here/there.*

F. Say the opposite in Tagalog

   1. **<u>N</u>asa <u>b</u>ahay si Mary.**

   2. **May <u>t</u>ao.**

   3. **Wala' <u>r</u>ito ang <u>s</u>usi'.**

Lesson 8: Sa fruit stand

A. Translate into English

1. Mag<u>ka</u>no ang pakwan?

2. Dalawang pi<u>ra</u>so lang.

3. Wala' siyang <u>pe</u>ra.

4. May panukli' siya.

5. Malaki ang <u>ta</u>wad.

B. Translate into Tagalog

1. *small*
2. *all*
3. *banana*
4. *one thousand*
5. *one million*

C. Fill in the blanks

1. *I'd like to buy some mangoes please.*
   Pabili nga' po' ng _____ .
2. *Is there no discount? / Is the price negotiable?*
   Walang _____ ?

3. *This jackfruit looks good.*
   Maganda ang langkang _____ .
4. *How much are the chicos?*
   _____ ang <u>ch</u>ico?
5. *How many chicos are there?*
   _____ ang <u>ch</u>ico?

D. Insert **ba**

1. **<u>Me</u>rong langka'?**
2. **May langka'?**
3. **<u>Me</u>ron kayong <u>sa</u>ging?**

E. Translate into Tagalog

1. *this banana (near me)*
2. *that banana (near you)*
3. *that banana (far from you and me)*

Lesson 9: Ang pa<u>mi</u>lya ko

A. Translate into English

1. **Hindi' ako doktor.**

2. **Nag-<u>aa</u>ral pa ako.**

3. **Ilan ang anak mo?**

4. La<u>la</u>ki o ba<u>ba</u>e?

5. Den<u>tis</u>ta ang a<u>sa</u>wa ni Edwin.

B. Translate into Tagalog

1. *employee*
2. *child (son or daughter)*
3. *older brother*
4. *child (boy or girl)*
5. *older sister*

C. Fill in the blanks

1. *Who's this?*
   _____ **ito?**
2. *How old is your brother/sister?*
   _____ _____ **na ang kapatid mo?**
3. *I'm the youngest child (among the siblings).*
   Ako ang _____ **.**
4. *He's Julius, isn't he?*
   Siya si Julius, ____ ____ **?**
5. *Do you live here?*
   <u>Di</u>to ka ba _____ **?**

D. Insert **na**

1. May as**a**wa siya.

2. **Me**rong as**a**wa si Mr. Lopez.

3. **Di**to ako nakatira.

Lesson 10: Alas **kwa**tro na

A. Translate into English

1. **Alas tres na.**

2. **Wala' pa sila di̱to.**

3. **Siguṟado ako.**

4. **Tum̱awag ako uli'.**

5. **Ṯeka.**

B. Translate into Tagalog

1. *seven o'clock*
2. *early*
3. *noon*

4. *four thirty*
5. *evening, night*

C. Fill in the blanks

1. *They said our appointment was yesterday.*
   _____ **nila, ka<u>ha</u>pon ang appointment <u>na</u>tin.**
2. *What did he/she/they say?*
   _____ **raw?**
3. *They thought (mistakenly) the meeting was at one.*
   _____ **nila, ala <u>u</u>na ang meeting.**
4. *What time is it?*
   Anong _____ na?
5. *It's only eight o'clock.*
   Alas <u>o</u>tso ____ lang.

D. What time is it in Tagalog?

1. *1:00*
2. *2:00*
3. *5:30*

E. Match the two columns

1. **Alas <u>kwa</u>tro na.**   a. *(At) four o'clock.*
2. **Alas <u>kwa</u>tro.**   b. *It's four o'clock.*

3. **T<u>uma</u>wag sila.**   c. *They called.*
4. **<u>Tata</u>wag sila.**   d. *They will call.*

5. **alas dos ng <u>u</u>maga**   e. *two o'clock in the morning*
6. **alas dos ng <u>ha</u>pon**   f. *two o'clock in the afternoon*

Lesson 11: Sa <u>sa</u>la

A. Translate into English

1. **Na<u>ka</u>katawa ang palabas.**

2. **Gutom ka na ba?**

3. **Gusto ko ang <u>ku</u>lay.**

4. **May bi<u>si</u>ta si <u>Na</u>nay.**

5. **<u>Ba</u>go ba ang sa<u>pa</u>tos mo?**

B. Translate into Tagalog

1. *kitchen*
2. *full (having eaten enough)*

3. *color*
4. *later today*
5. *black*

C. Fill in the blanks

1. *The host is new.*
   _____ **ang host.**
2. *I want some chocolate.*
   Gusto ko ____ **tsoko<u>la</u>te.**
3. *Mom will arrive at six.*
   Alas sais _____ **si Nanay.**
4. *I like these shoes.*
   Gusto ko ang sa<u>p</u>atos ____ ____ .
5. *He/she doesn't like the show.*
   _____ **niya ang palabas.**

D. Match the two columns

1. **puti'**   a. *yellow*
2. **asul**   b. *red*
3. **dilaw**   c. *green*
4. **<u>be</u>rde** d. *blue*
5. **pula**   e. *white*

E. Use **na<u>ka</u>ka-** with the correct root

1. *The guest is funny.*
   _____ **ang bi<u>si</u>ta.**

2. *The spaghetti is filling/satiating.*
   _____ **ang spaghetti.**

3. *The lotion is whitening (causes whitening).*
   _____ **ang lotion.**

F. Match the two columns

1. **Gusto ko ang tsoko<u>la</u>te.**   a. *I want some chocolate.*
2. **Gusto ko ng tsoko<u>la</u>te.**   b. *I don't like/want the chocolate.*
3. **A<u>yo</u>ko ng tsoko<u>la</u>te.**   c. *I want/like the chocolate.*
4. **A<u>yo</u>ko ang tsoko<u>la</u>te.**   d. *I don't want any chocolate.*

Lesson 12: Ang bi<u>si</u>ta

A. Translate into English

1. **Tuloy ka!**

2. **Walang anuman.**

3. **Ka<u>ni</u>no iyan?**

4. **<u>Pa</u>ra kay Mary ang mga bulaklak.**

5. **May kasal <u>ma</u>maya'.**

B. Translate into Tagalog

1. *flower*
2. *book*
3. *guest, visitor*
4. *from Ralph*
5. *for Elvira*

C. Fill in the blanks

1. *Where did Grace just come from?*
   Saan _____ si Grace?
2. *Just there (nowhere in particular).*
   _____ lang.
3. *Ralph brought something (has "something brought").*
   Merong _____ si Ralph.
4. *I want to drink.*
   Gusto kong _____ .
5. *The book is Alfred's (belongs to Alfred).*
   _____ Alfred ang libro.

D. Answer the questions

1. **Kanino ang bag?** *(Alfred's.)*

2. **Para kanino ang cake?** *(For Jen.)*

3. **Para saan ang mga bulaklak?** *(For the wedding.)*

4. Ga̱ling ka‌ni‌no ang libro? *(From Fred.)*

5. Pa̱ra ka‌ni‌no ang school supplies? *(For the child.)*

Lesson 13: May ta̱wag sa tele̱pono

A. Translate into English

1. Sandali' lang.

2. Kailan ba̱balik si Dr. Molina.

3. Pupunta ako sa Mayni̱la' sa Huwe̱bes.

4. Ano ang pe̱tsa sa Lu̱nes?

5. Pwe̱de silang mag-tennis sa Sa̱bado.

B. Translate into Tagalog

1. *church*
2. *every Monday*
3. *until Friday*
4. *date*
5. *telephone*

C. Fill in the blanks

1. *Could I speak to John, please?*
   Pwede pong _____ **si John?**
2. *Please (could you) tell them I'll be back.*
   Pakisabi sa _____ **, babalik ako.**
3. *I called last Wednesday.*
   Tumawag ako _____ **Miyerkules.**
4. *They will go somewhere on Sunday.*
   May lakad _____ **sa Linggo.**
5. *I'll go to the clinic.*
   _____ **ako sa klinik.**

D. Use the correct (-)um- verb

1. *I can call.* ⇨ **Pwede akong** _____ .
2. *You can come along.* ⇨ **Pwede kang** _____ .
3. *I can go.* ⇨ **Pwede akong** _____ .

E. Match the two columns

1. **Lunes**   a. *Monday*
2. **Biyernes**   b. *Thursday*
3. **Linggo**   c. *Tuesday*
4. **Martes**   d. *Saturday*
5. **Huwebes**   e. *Sunday*
6. **Miyerkules**   f. *Friday*
7. **Sabado**   g. *Wednesday*

Lesson 14: Tangha<u>li</u>an sa restaurant

A. Translate into English

1. Ba<u>h</u>ala' ka.

2. Mukhang masarap ang a<u>do</u>bo.

3. <u>Ba</u>kit ka malungkot?

4. Hindi' ako ma<u>sya</u>dong gutom.

5. <u>Na</u> kay <u>Lo</u>lo sila.

B. Translate into Tagalog

1. *lunch*
2. *quiet*
3. *fried chicken*
4. *grilled*
5. *(there's) no problem*

C. Fill in the blanks

1. *It's good that there's food.*
   _____ ____ may pag<u>ka</u>in.
2. *The ice cream looks delicious.*
   _____ masarap ang ice cream.

3. *Lolo is a big eater.*
   _____ **kumain si Lolo.**
4. *There are sardines for them.*
   May sardinas para sa _____ **.**
5. *The pansit is more delicious.*
   _____ **masarap ang pansit.**

D. Match the two columns

   1. **para sa iyo**   a. *for us (excl. you)*
   2. **para sa amin**   b. *for you (plural or polite)*
   3. **para sa kanya**   c. *for you (singular)*
   4. **para sa inyo**   d. *for him/her*
   5. **para sa kanila**   e. *for them*
   6. **para sa atin**   f. *for us (incl. you)*

Lesson 15: Sa parlor

A. Translate into English

   1. **Narinig ko ang balita' sa radyo.**

   2. **Nagulat talaga ako.**

   3. **Buhay pa raw ang lalaki.**

4. Ma**ha**ba' ang bala**hi**bo ng **pu**sa'.

5. Na**ghu**gas ako ng kamay.

B. Translate into Tagalog

1. *airplane*
2. *hearsay, tall tale, urban legend*
3. *hair*
4. *clean*
5. *washed one's hands*

C. Fill in the blanks

1. *What would you like, sir?*
   Ano po' ang _____ ninyo, sir?
2. *The dog has no wounds.*
   Walang _____ ang _a_so.
3. *That's just hearsay!*
   Kwentong-barbe**ro _____ iyan!**
4. *The story is short.*
   _____ ang kwento.
5. *That's not impossible.*
   Hindi' iyon _____ .

D. Add **ganito, ganyan, ganoon**

1. *Like this (near me)?* ⇨ _____ **ba?**
2. *Yes, like that (near you).* ⇨ **Oo,** _____ .
3. *No, like that (far from you and me).* ⇨ **Hindi',** _____ .

E. Add the POD

1. **Narinig ko** _____ _____ . *(the news)*
2. **Narinig ko** _____ . *(he/she)*
3. **Narinig ko** _____ _____ . *(the story)*

F. Match the two columns

1. na<u>ka</u>kainis   a. *startling*
2. na<u>ka</u>ka<u>gu</u>lat   b. *annoying*
3. na<u>ka</u>kahiya'   c. *embarrassing*

Lesson 16: Nan<u>di</u>to na sina <u>Ti</u>ta Amy

A. Translate into English

1. **Kailan sila dumating sa Lipa?**

2. **May <u>ba</u>hay-bakas<u>yu</u>nan is Juan sa Calamba'.**

3. **Mag<u>kiki</u>ta' ba <u>ta</u>yo sa Bi<u>ye</u>rnes?**

4. Dalawang oras lang ang byahe.

5. Hindi' kami sasama.

B. Translate into Tagalog

1. *gift brought by a returning traveler or a newly-arrived person*
2. *traffic*
3. *sometimes*
4. *to come along*
5. *trip*

C. Fill in the blanks

1. I'm in the Philippines right now.
   Nasa Pilipinas ako _____ .
2. Tito Mario is already old.
   _____ na si Tito Mario.
3. How long is the trip?
   _____ katagal ang byahe?
4. It depends on the traffic.
   _____ sa trapik.
5. The present is (came) from Amy.
   _____ _____ Amy ang pasalubong.

D. Use **ga_a_no ka-** with the correct root

1. *How big is the house?*
   _____ _____ ang **ba**hay?
2. *How far is Calamba?*
   _____ _____ ang Calamba'?
3. *How long (time) is the trip?*
   _____ _____ ang **bya**he?

E. Write down the month names

1. *January*
2. *August*
3. *May*
4. *March*
5. *November*
6. *September*
7. *April*
8. *February*
9. *July*
10. *December*
11. *June*
12. *October*

F. Make plural

1. **si Ti̱ta Amy**

2. **ga̱ling kay Ti̱ta Amy**

3. **pa̱ra kay Ti̱ta Amy**

Lesson 17: Sa hotel

A. Translate into English

1. N<u>a</u>saan ang <u>p</u>inakam<u>a</u>lapit na <u>b</u>angko?

2. Hanggang anong <u>o</u>ras?

3. Bukas kami <u>bu</u>kas.

4. <u>Ba</u>wal ku<u>ma</u>nan.

5. Dume<u>re</u>tso ka hanggang sa crossing.

B. Translate into Tagalog

1. *till when*
2. *slippery*
3. *left and right*
4. *nearest*
5. *No urinating here.*

C. Fill in the blanks

1. *They'll be there tomorrow morning.*
   Nandoon sila <u>bu</u>kas ____ _____ .
2. *The bank is on the third floor.*
   _____ third floor ang <u>b</u>angko.

3. *Where's the elevator, by the way?*
   Nasaan _____ **ang elevator?**
4. *When you go out, turn left.*
   _____ **mo, kumaliwa' ka.**
5. *No dumping of trash.*
   Bawal magtapon ng _____ .

D. Use **pinaka-** with the correct adjective

1. **nearest**
2. **most beautiful**
3. **most slippery**

E. Translate using the basic form + **ka**

1. *Go straight on.*
2. *Turn right.*
3. *Turn left.*
4. *Stop.*
5. *Take care.*

F. Match the two columns

1. **Bawal lumusot.**   a. *No entry.*
2. **Bawal tumigil dito.**   b. *No stopping here.*
3. **Bawal magtapon ng basura.** c. *Do not pass (overtake).*
4. **Bawal pumasok.**   d. *No dumping of trash.*
5. **Bawal umihi' dito.**   e. *No urinating here.*

Lesson 18: Ang init!

A. Translate into English

1. Ang init dito!

2. Mas mainit sa labas.

3. Tingnan mo ang aircon.

4. Marunong akong mag-chess.

5. Hindi' ako takot.

B. Translate into Tagalog

1. *vehicle*
2. *window*
3. *wind*
4. *frightening, scary*
5. *typhoon*

C. Fill in the blanks

1. *The air conditioner is new.*
   _____ ang aircon.
2. *Is the window at the back open?*
   Bukas ba ang bintana' sa _____ ?

3. *Can you hear me?*

   _____ **mo ba ako?**

4. *It looks old.*

   _____ **luma'.**

5. *Do you have a problem?*

   _____ _____ **ka ba?**

D. Translate using **sobra**

1. *It's so hot!*
2. *The typhoon is so strong!*
3. *The soup is so hot.*

E. Translate using **kaysa sa** or **kaysa kay**

1. *Mike is taller than Mia.*

2. *It's hotter here than in Baguio.*

3. *You're better (more skilled) than me.*

F. Match the two columns

1. **tag-init**   a. *spring*
2. **tag-ulan**   b. *hot season / summer*
3. **taglamig**   c. *autumn*
4. **tagsibol**   d. *cold season / winter*
5. **taglagas**   e. *rainy season*

Lesson 19: May sakit ang a<u>sa</u>wa ko

A. Translate into English

1. **May sakit siya.**

2. **<u>Sa</u>bi niya, may probl<u>e</u>ma.**

3. **Magaling na ako.**

4. **Na<u>hihi</u>lo ka ba?**

5. **May lagnat ka.**

B. Translate into Tagalog

1. *midnight*
2. *belly*
3. *bottle*
4. *head*
5. *cough*

C. Fill in the blanks

1. *My nephew/niece is ill.*
   _____ _____ **ang pamangkin ko.**
2. *How's it going? (Lit. What's the news?)*
   Anong _____ **?**

3. *I'm not feeling well.*

   _____ ang pakiramdam ko.

4. *I had a fever last night.*

   May lagnat ako _____ .

5. *Have you already taken some medicine?*

   Nakainom ka na ba ng _____ ?

D. Match the two columns

   1. **sipon**   a. *cough*
   2. **trangkaso**   b. *cold*
   3. **ubo**   c. *fever*
   4. **lagnat**   d. *flu*
   5. **sakit**   e. *illness*

Lesson 20: Sa mall

A. Translate into English

1. **Kailangan kong bumili ng pagkain.**

2. **Anong klaseng gamot?**

3. **Natutulog sila sa kotse.**

4. **Bente pesos ang pamasahe.**

5. **May pera pa ako.**

B. Translate into Tagalog

1. *So that's why.*
2. *friend*
3. *used up, spent, finished*
4. *cloth*
5. *fare*

C. Fill in the blanks

1. *You need to sleep.*
   _____ **mong ma<u>tu</u>log.**
2. *Do you have anything to buy?*
   May <u>bi</u>bilhin ____ ba?
3. *The food is finished.*
   _____ ____ **ang pag<u>ka</u>in.**
4. *What will you do?*
   Ano ang _____ mo?
5. *All right, let's just see each other later, OK?*
   Sige, _____ na lang <u>ta</u>yo <u>ma</u>maya' ha?

D. Write down the Spanish-derived numbers

1. 10
2. 20
3. 30
4. 40
5. 50
6. 60
7. 70
8. 80
9. 90

E. Build sentences with the words below

1. hindi' kailangan -ng / niya / matulog

2. hindi' kailangan -ng / ko / bumili ng gamot

3. hindi' kailangan -ng / mo / pumunta

Answer Key

Lesson 1

A.
1. *How are you?*
2. *Fine. And you?*
3. *I went to Canada.*
4. *How was Banaue?*
5. *Thank you.*

B.
1. b<u>a</u>kasyon
2. t<u>a</u>laga
3. <u>i</u>ngat
4. sal<u>a</u>mat
5. mag<u>a</u>nda

C.
1. ako
2. lang
3. <u>O</u>o
4. <u>b</u>ahay
5. Pumunta

D.
1. c 2. e 3. a 4. d 5. b

E.
1. **ganda** – *beauty*
2. **saya** – *happiness or fun*
3. **<u>b</u>uti** – *goodness*

F.
1. sa 2. <u>Na</u>sa 3. <u>Na</u>sa 4. sa

Lesson 2

A.
1. *There's rice.*
2. *The mango is delicious.*
3. *There are a lot of fish in the aquarium.*
4. *There's no coffee.*
5. *The cake is sweet.*

B.
1. alm<u>u</u>sal
2. pag<u>ka</u>in
3. <u>tu</u>big
4. <u>i</u>tlog
5. mas<u>a</u>rap

C.
1. <u>pru</u>tas
2. <u>u</u>lam
3. at
4. Ma<u>a</u>lat
5. <u>tu</u>big

D.
1. ang pag<u>ka</u>in
2. ang juice, ang kape
3. ito

E.
1. isdang ma<u>a</u>lat.
2. ma<u>a</u>lat na isda'
3. pag<u>ka</u>ing matamis
4. ma<u>a</u>sim na mangga
5. manggang ma<u>a</u>sim

F.

1. ito 2. iyon 3. iyan

Lesson 3

A.
1. Where are you going?
2. I have a class.
3. The meeting is tomorrow.
4. There's no work/school tomorrow.
5. Me too.

B.
1. b<u>u</u>kas
2. <u>a</u>raw-<u>a</u>raw
3. m<u>a</u>maya'
4. k<u>l</u>ase
5. ka<u>ni</u>na

C.
1. Saan
2. <u>t</u>ayo
3. Tapos
4. ka<u>ni</u>na
5. Ngayon

D.
1. May 2. Walang 3. May

E.
1. <u>t</u>ayo 2. <u>t</u>ayo 3. kami

F.
1. <u>M</u>eron
2. Wala'
3. <u>M</u>eron
4. Wala'

Lesson 4

A.
1. *Just one.*
2. *Is the supermarket big?*
3. *It's still far.*
4. *Here's the change.*
5. *There are many jeepneys (over) there.*

B.
1. ilan
2. <u>ba</u>yad
3. pal<u>en</u>gke
4. <u>m</u>ura
5. pito

C.
1. Dalawa
2. kayo
3. Hindi'
4. Mahal
5. Nan<u>d</u>ito

D.
1. <u>E</u>to 2. Nan<u>d</u>ito 3. <u>D</u>ito

E.
1. doon 2. <u>di</u>to 3. diyan

F.
1. **Wala' pang jeep.**
   There's no jeepney yet.
2. **Wala' bang jeep?**
   Is there no jeepney?
3. **Wala' akong jeep.**
   I don't have a jeepney.

4. Wala' kang jeep.
   You don't have a jeepney.

G.
1. isa
2. dalawa
3. tatlo
4. apat
5. lima
6. anim
7. pito
8. walo
9. siyam
10. sampu'

Lesson 5

A.
1. *The dog is so fat.*
2. *Why is the dog fat?*
3. *He/she is so thin!*
4. *This is ugly.*
5. *This is so pretty.*

B.
1. mga aso
2. pangalan
3. bakit
4. kapatid
5. mabait

C.
1. siya
2. kulit
3. niyan
4. taon
5. masakit

D.
1. nito 2. niyan 3. niyon

E.
1. ito, si Tabby, ang aso, siya
2. nito, ni Tabby, ng aso, niya

Lesson 6

A.
1. *Where are you?*
2. *I'm already late.*
3. *I don't know.*
4. *Maybe (it's) in the car.*
5. *I'm here.*

B.
1. sala
2. payong
3. sapatos
4. lamesa
5. pinto'

C.
1. Nasaan
2. Tama'
3. ko
4. Aalis
5. labas

D.
1. d 2. e 3. a 4. b 5. c

E.
1. Nandiyan
2. Nandito
3. Nandoon

49

Lesson 7

A.
1. Never mind.
2. Thank you (polite).
3. I don't know.
4. The key is here.
5. What's your name?

B.
1. s<u>u</u>lat
2. ospital
3. t<u>a</u>o
4. sakit
5. wala'

C.
1. T<u>a</u>o
2. sakit
3. Ganoon
4. <u>p</u>ara
5. Walang

D.
1. Nan<u>d</u>ito po' ang <u>s</u>usi'.
2. Wala' pong <u>s</u>ulat.
3. Sige po'.

E.
1. c   2. a   3. b

F.
1. Wala' sa <u>b</u>ahay si Mary.
2. Walang t<u>a</u>o.
3. Nan<u>d</u>ito ang <u>s</u>usi'.

Lesson 8

A.
1. How much are the watermelons?
2. Just two (pieces).
3. He/she has no money.
4. He/she has change.
5. The discount is big.

B.
1. maliit
2. lahat
3. s<u>a</u>ging
4. isang <u>li</u>bo
5. isang milyon

C.
1. mangga
2. t<u>a</u>wad
3. ito
4. Mag<u>ka</u>no
5. Ilan

D.
1. <u>Me</u>ron bang langka'?
2. May langka' ba?
3. <u>Me</u>ron ba kayong <u>sa</u>ging?

E.
1. ang <u>sa</u>ging na ito
2. ang <u>sa</u>ging na iyan
3. ang <u>sa</u>ging na iyon

Lesson 9

A.
1. I'm not a doctor.
2. I'm still studying.

3. *How many kids do you have?*
4. *Male or female?*
5. *Edwin's wife is a dentist.*

B.
1. emple<u>y</u>ado
2. anak
3. <u>k</u>uya
4. <u>b</u>ata'
5. <u>a</u>te

C.
1. <u>S</u>ino
2. Ilang taon
3. bunso'
4. di ba
5. nakatira

D.
1. May a<u>s</u>awa na siya.
2. <u>M</u>eron nang a<u>s</u>awa si Mr. Lopez.
3. <u>D</u>ito na ako nakatira.

Lesson 10

A.
1. *It's three o'clock.*
2. *They're still not here.*
3. *I'm sure.*
4. *I called again.*
5. *Wait.*

B.
1. alas s<u>y</u>ete
2. ma<u>a</u>ga
3. tang<u>h</u>ali'

4. alas <u>kw</u>atro y <u>me</u>dya
5. gabi

C.
1. <u>S</u>abi
2. Ano
3. A<u>k</u>ala'
4. <u>o</u>ras
5. pa

D.
1. ala <u>u</u>na
2. alas dos
3. alas <u>s</u>ingko y <u>me</u>dya

E.
1. b 2. a 3. c 4. d
5. e 6. f

Lesson 11

A.
1. *The show is funny.*
2. *Are you hungry?*
3. *I like the color.*
4. *Mom has a guest/visitor.*
5. *Are your shoes new?*

B.
1. ku<u>s</u>ina
2. busog
3. <u>k</u>ulay
4. <u>m</u>amaya'
5. itim

51

C.
1. <u>B</u>ago
2. ng
3. <u>d</u>arating
4. na ito
5. <u>A</u>yaw

D.
1. e 2. d 3. a 4. c 5. b

E.
1. Na<u>k</u>akatawa
2. Na<u>k</u>akabusog
3. Na<u>k</u>akaputi'

F.
1. c 2. a 3. d 4. b

Lesson 12

A.
1. *Come in!*
2. *You're welcome.*
3. *Whose is that (near you)?*
4. *The flowers are for Mary.*
5. *There will be a wedding later today.*

B.
1. bulaklak
2. libro
3. bi<u>s</u>ita
4. g<u>a</u>ling kay Ralph
5. <u>pa</u>ra kay Elvira

C.
1. <u>ga</u>ling
2. Diyan
3. dala
4. uminom
5. Kay

D.
1. Kay Alfred.
2. <u>P</u>ara kay Jen.
3. <u>P</u>ara sa kasal.
4. <u>Ga</u>ling kay Fred.
5. <u>P</u>ara sa <u>b</u>ata'.

Lesson 13

A.
1. *Just a minute.*
2. *When will Dr. Molina return?*
3. *I'll go to Manila on Thursday.*
4. *What's the date Monday?*
5. *They can play tennis on Saturday.*

B.
1. sim<u>b</u>ahan
2. tuwing <u>L</u>unes
3. hanggang Bi<u>ye</u>rnes
4. <u>p</u>etsa
5. tel<u>e</u>pono

C.
1. maka<u>u</u>sap
2. kanila
3. noong
4. sila
5. <u>P</u>upunta

D.
1. tu<u>m</u>awag   3. pumunta
2. su<u>m</u>ama

E.
1. a   2. f   3. e   4. c   5. b
6. g   7. d

Lesson 14

A.
1. *It's up to you.*
2. *The adobo looks delicious.*
3. *Why are you sad?*
4. *I'm not so hungry.*
5. *They're with Grandpa (at Grandpa's).*

B.
1. tangha<u>li</u>an
2. ta<u>hi</u>mik
3. <u>pri</u>tong manok
4. <u>i</u>nihaw
5. walang prob<u>le</u>ma

C.
1. Ma<u>bu</u>ti at   4. kanila
2. Mukhang   5. Mas
3. Malakas

D.
1. c   2. a   3. d   4. b
5. e   6. f

Lesson 15

A.
1. *I heard the news on the radio.*
2. *I was really startled/surprised.*
3. *He/she/they say the man is still alive.*
4. *The cat's fur/hair is long.*
5. *I washed my hands.*

B.
1. ero<u>pl</u>ano
2. <u>kwen</u>tong-bar<u>be</u>ro
3. buhok
4. ma<u>li</u>nis
5. nag<u>hu</u>gas ng kamay

C.
1. gusto   4. maigsi'
2. <u>su</u>gat   5. impo<u>si</u>ble
3. lang

D.
1. Ganito   3. ganoon
2. ganyan

E.
1. ang ba<u>li</u>ta'   3. ang <u>kwen</u>to
2. siya

F.
1. b   2. a   3. c

53

Lesson 16

A.
1. When did they arrive in Lipa?
2. Juan has a vacation home in Calamba.
3. Are we seeing each other on Friday?
4. The trip takes only two hours.
5. We (excl. you) won't come along.

B.
1. pas<u>a</u>lubong
2. tr<u>a</u>pik
3. m<u>in</u>san
4. sum<u>a</u>ma
5. b<u>y</u>ahe

C.
1. ng<u>a</u>yon
2. Mat<u>a</u>nda'
3. Ga<u>a</u>no
4. Dep<u>e</u>nde
5. G<u>a</u>ling kay

D.
1. Ga<u>a</u>no kalaki
2. Ga<u>a</u>no kal<u>a</u>yo'
3. Ga<u>a</u>no katagal

E.
1. En<u>e</u>ro
2. Ag<u>os</u>to
3. M<u>a</u>yo
4. M<u>a</u>rso
5. Nob<u>y</u>embre
6. Set<u>y</u>embre
7. Abril
8. Pebr<u>e</u>ro
9. H<u>u</u>lyo
10. Dis<u>y</u>embre
11. H<u>u</u>nyo
12. Okt<u>u</u>bre

F.
1. sina <u>T</u>ita Amy
2. g<u>a</u>ling kina <u>T</u>ita Amy
3. p<u>a</u>ra kina <u>T</u>ita Amy

Lesson 17

A.
1. Where's the nearest bank?
2. Till what time?
3. We're open tomorrow.
4. It's prohibited to turn right. (No right turn.)
5. Go straight on until the intersection.

B.
1. hanggang kailan
2. madulas
3. kaliwa' at <u>k</u>anan
4. pinakam<u>a</u>lapit
5. Bawal u<u>m</u>ihi' d<u>i</u>to.

C.
1. ng u<u>m</u>aga
2. N<u>a</u>sa
3. pala
4. Paglabas
5. bas<u>u</u>ra

D.
1. p<u>i</u>nakam<u>a</u>lapit
2. p<u>i</u>nakaganda
3. p<u>i</u>nakamadulas

E.
1. Dumer<u>e</u>tso ka.
2. Ku<u>m</u>anan ka.
3. Kumaliwa' ka.
4. Tu<u>m</u>igil ka.
5. Mag-<u>i</u>ngat ka.

F.
1. c 2. b 3. d 4. a 5. e

Lesson 18

A.
1. *It's so hot here!*
2. *It's hotter outside.*
3. *Look at the air conditioner.*
4. *I know how to play chess.*
5. *I'm not afraid/scared.*

B.
1. sasakyan
2. bint<u>a</u>na'
3. <u>h</u>angin
4. na<u>ka</u>t<u>a</u>kot
5. bagyo

C.
1. <u>B</u>ago
2. likod
3. Na<u>ri</u>rinig
4. Mukhang
5. May probl<u>e</u>ma

D.
1. <u>So</u>brang <u>i</u>nit!
2. <u>So</u>brang lakas ng bagyo!
3. <u>So</u>brang <u>i</u>nit ng <u>so</u>pas.

E.
1. Mas matangkad si Mike kaysa kay Mia.
2. Mas m<u>ai</u>nit <u>di</u>to kaysa sa <u>B</u>aguio.
3. Mas magaling ka kaysa sa <u>a</u>kin.

F.
1. b 2. e 3. d 4. a 5. c

Lesson 19

A.
1. *He/she is ill.*
2. *He/she said there's a problem.*
3. *I'm feeling well again.*
4. *Are you feeling dizzy?*
5. *You have a fever.*

B.
1. <u>h</u>atinggabi
2. tyan
3. <u>b</u>ote
4. <u>u</u>lo
5. ubo

C.
1. May sakit
2. ba<u>li</u>ta'
3. Masama'
4. kagabi
5. gamot

D.
1. b 2. d 3. a 4. c 5. e

55

Lesson 20

A.

1. *I need to buy food.*
2. *What kind of medicine?*
3. *They're sleeping in the car.*
4. *The fare is twenty pesos.*
5. *I still have money.*

B.

1. Kaya' pala.
2. kai<u>bi</u>gan
3. ubos
4. <u>te</u>la
5. pama<u>sa</u>he

C.

1. Kai<u>la</u>ngan
2. ka
3. Ubos na
4. <u>ga</u>gawin
5. mag<u>ki</u>ta'

D.

1. dyes
2. <u>ben</u>te
3. <u>tren</u>ta
4. kwa<u>ren</u>ta
5. sing<u>kwen</u>ta
6. si<u>sen</u>ta
7. si<u>ten</u>ta
8. o<u>tsen</u>ta
9. no<u>ben</u>ta

E.

1. Hindi' niya kai<u>la</u>ngang ma<u>tu</u>log.
2. Hindi' ko kai<u>la</u>ngang bumili ng gamot.
3. Hindi' mo kai<u>la</u>ngang pumunta.

www.ingramcontent.com/pod-product-compliance
Lightning Source LLC
Chambersburg PA
CBHW061257040426
42444CB00010B/2403